工程测量实训活动手册

中国建筑工业出版社

目　录

活动1　水准仪及工具测前检视

活动记录

小组编号：__________，仪器型号：__________，仪器编号：__________，记录者：__________。

1. 水准仪检视记录

检验项目	检视结果	备注
脚架固定螺旋是否滑丝	□是　□否	
脚架脚尖是否松动	□是　□否	
水准尺刻度是否有磨损而影响读数	□是　□否	
仪器外观是否有损伤	□是　□否	
仪器转动有无松动、卡滞现象	□有　□无	
脚螺旋转动有无松动、卡滞现象	□有　□无	
调焦手轮是否有效	□是　□否	
望远镜成像是否清晰	□是　□否	
仪器转动 180°后圆气泡是否仍居中	□是　□否	
补偿器是否正常工作	□是　□否	

2. 水准读数记录

水准尺类型	上丝	下丝	中丝	检核结果（正确/错误）

说明：1. 至少记录一行完整的数据，如记录错误可整行划去，另起一行填写。

2. 水准尺类型根据实际使用填写，一般为双面尺或者塔尺。

3. 读数检核方法是看上、下丝的平均值是否等于中丝读数，结果相差超过 3mm 则错误。

活动评价

评价内容	评价标准	评价结果 （是/否）
活动完成情况	能区分水准仪的类型及精度指标	□是　□否
	能指出水准仪每个部件的名称及作用	□是　□否
	能在 30 秒内将圆水准器气泡居中	□是　□否
	能在 60 秒内完成瞄准和调焦	□是　□否
	能正确读取水准尺读数	□是　□否
	能判断补偿器是否处于工作状态	□是　□否
	能判断圆水准器是否需要校正	□是　□否

课后作业

1. DS05 水准仪的精度比 DS3 水准仪________（高/低）。

2. DSZ3 水准仪是一款________（微倾/自动安平/数字）水准仪。

3. 下图所示水准仪的型号为________。各部件的名称是：

1________，2________，3________，4________，

5________，6________，7________，8________。

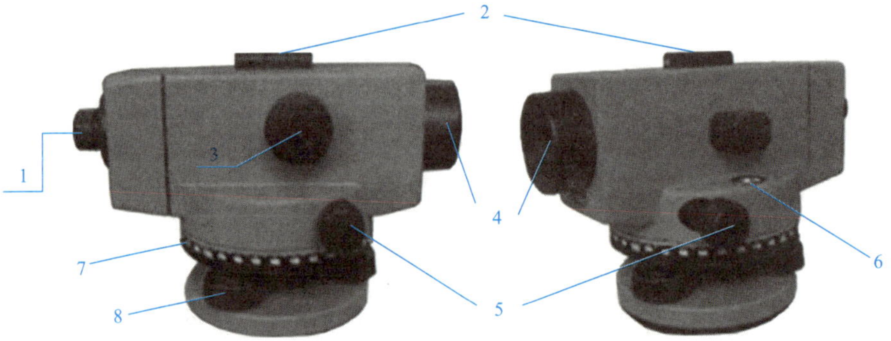

4. 下图所示三丝读数分别是：上丝______________，中丝______________，下丝______________。它们之间的规律为：________________________。

5. 产生视差的原因是什么？怎样可以消除视差？

6. 自主到仪器室借领水准仪，练习仪器的安置、粗平和读数，并将圆水准器气泡和水准尺的望远镜视窗影像拍照上传至课程平台讨论区。

活动 2　水准仪测量高差

活动记录

小组编号：＿＿＿＿＿＿，仪器型号：＿＿＿＿＿＿，仪器编号：＿＿＿＿＿＿，记录者：＿＿＿＿＿＿。

水准测量记录表

测点	后视读数（mm）	前视读数（mm）	高差（m）	高程（m）	备注

说明：1. 至少记录一站完整的数据，如记录错误可整站划去，另起一站填写。
2. 表格剩余部分可自行练习使用，在备注栏注明“自练数据”。

活动评价

评价内容	评价标准	评价结果（是/否）
活动完成情况	能区分高差与高程，并说出它们之间的关系	□是　□否
	能说出我国现行的国家高程基准和水准原点高程	□是　□否
	能理解水准测量的基本原理	□是　□否
	能用水准仪准确测量两点间的高差	□是　□否

课后作业

1. 水准面是________（平面/曲面），它有________个（唯一/无穷）。

2. 2020 年 12 月，中国和尼泊尔两国联合发布的珠穆朗玛峰最新高程为________m。

3. 大地水准面实际上是一个略有起伏而________（规则/不规则）的光滑曲面。

4. 我国目前采用的地球椭球是________（克拉索夫斯基椭球/1975IUGG 推荐椭球/CGCS2000 椭球）。

5. 我国目前采用的高程系统是________，在此系统中水准原点的高程是________m。

6. A、B 两点的高差 $h_{AB}=+0.510$ m，说明 A 点比 B 点________（高/低）。

7. 简述水准测量的基本原理。

8. 完成下表中的计算。

测点	后视读数	前视读数	高差（m）	高程（m）	备注
A	1558			5.835	已知点
B		1713			

9. 自主到仪器室借领水准仪，练习单测站高差测量，并将水准尺的望远镜视窗影像和记录表格拍照上传至课程平台讨论区。

活动3　自动安平水准仪 i 角检验

活动记录

小组编号：__________，仪器型号：__________，仪器编号：__________，记录者：__________。

i 角检验记录表

仪器距水准尺距离				
近尺距离 15m　　远尺距离 30m				
测站	A		D	
观测次数	B 尺读数 a'_1	C 尺读数 a'_2	B 尺读数 a'_4	C 尺读数 a'_3
1				
i 角计算	$a_4 = a'_1 + a'_3 - a'_2 =$ $i = (a'_4 - a_4) \cdot \rho / 2d =$			
示意图	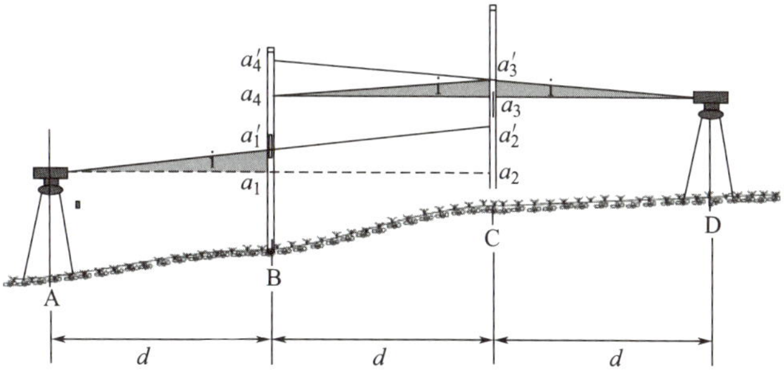			

说明：至少记录一次完整的数据，如记录错误可整站划去，另起一站填写。

活动评价

评价内容	评价标准	评价结果（是/否）
活动完成情况	能理解水准仪 i 角对测量结果的影响	□是　□否
	能说出水准仪 i 角检验的方法	□是　□否
	能检验得出水准仪的 i 角大小	□是　□否

课后作业

1. 仪器照准读数误差是_______（偶然性/系统性）的，i 角误差是_______（偶然性/系统性）的。

2. 规范规定，DSZ3 型仪器 i 角不应超过________。

3. 一般来说，水准仪的 i 角角值为________（正值/负值）。

4. 简述水准仪 i 角检验的方法。

5. 自主到仪器室借领水准仪，练习 i 角检验操作，提高操作熟练程度，并将检验记录表格拍照上传至课程平台讨论区。

活动 4　全站仪及工具测前检视

活动记录

小组编号：__________，仪器型号：__________，仪器编号：__________，记录者：__________。

全站仪检视记录

检验项目	检视结果	备注
脚架固定螺旋是否滑丝	□是　□否	
脚架脚尖是否松动	□是　□否	
棱镜组外观是否有损伤	□是　□否	
棱镜基座有无松动、卡滞现象	□有　□无	
仪器外观是否有损伤	□是　□否	
仪器转动有无松动、卡滞现象	□有　□无	
调焦手轮是否有效	□是　□否	
望远镜成像是否清晰	□是　□否	
仪器转动 180°后长气泡是否仍居中	□是　□否	

活动评价

评价内容	评价标准	评价结果（是/否）
活动完成情况	能区分全站仪的类型及精度指标	□是　□否
	能指出全站仪每个部件的名称及作用	□是　□否
	能在 5 分钟内将仪器安置完成	□是　□否
	能在 60 秒内完成瞄准和调焦	□是　□否
	能判断水准器是否需要校正	□是　□否

课后作业

1. 通常用于国家三角网及特级导线测量的全站仪是________（短测程/中测程/长测程）全站仪。

2. 全站仪主要由电源部分、________、________、________、数据通信接口及显示屏、键盘几个部分组成。

3. 下图所示全站仪各部件的名称是：

1________；2________；3________；4________；

5________；6________；7________；8________；

9________；10________；11________；12________。

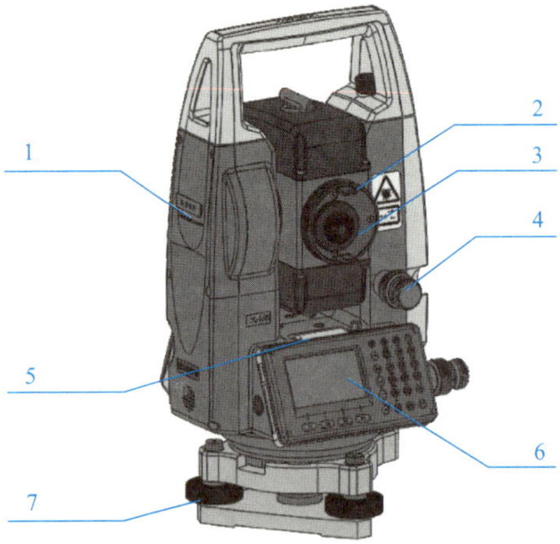

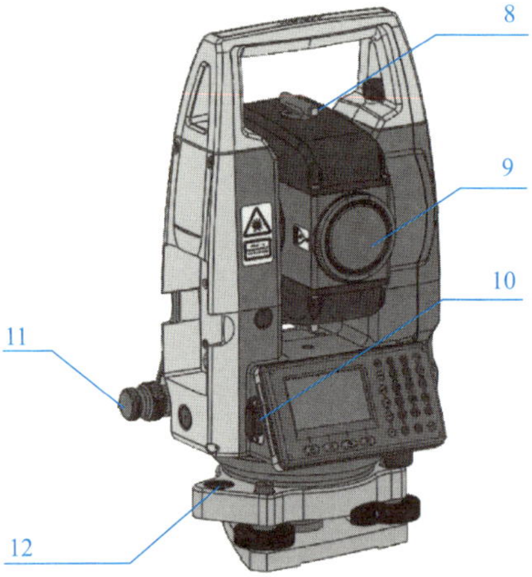

4. 全站仪安置包括对中和整平，请简述其操作步骤。

5. 请分析全站仪瞄准目标与水准仪有何不同？如何才能快速瞄准目标？

6. 自主到仪器室借领全站仪，练习仪器的安置、瞄准和调焦，并将水准管气泡和瞄准目标时望远镜视窗影像拍照上传至课程平台讨论区。

活动5　全站仪测量水平角

活动记录

测回法观测记录表

日期：　　　　　　　　仪器号：　　　　　　　　观测：

天气：　　　　　　　　地点：　　　　　　　　记录：

测站	测回	竖盘位置	目标	水平度盘数 (° ′ ″)	半测回角值 (° ′ ″)	一测回角值 (° ′ ″)	各测回平均值 (° ′ ″)	备注

续表

测站	测回	竖盘位置	目标	水平度盘数 (° ′ ″)	半测回角值 (° ′ ″)	一测回角值 (° ′ ″)	各测回平均值 (° ′ ″)	备注

说明：1. 至少记录一站两测回完整的数据，如需重测可整站划去，另起一站填写。

2. 表格剩余部分可自行练习使用，在备注栏注明“自练数据”。

方向法观测记录表

日期： 仪器号： 观测：

天气： 地点： 记录：

测回	测站	目标	水平度盘读数 (° ′ ″)		2C	平均方向值 (° ′ ″)	归零方向值 (° ′ ″)	各测回归零方向值之平均值 (° ′ ″)	备注
			盘左	盘右					

续表

测回	测站	目标	水平度盘读数（° ′ ″）		2C	平均方向值（° ′ ″）	归零方向值（° ′ ″）	各测回归零方向值之平均值（° ′ ″）	备注
			盘左	盘右					

说明：1. 至少记录一站两测回完整的数据，如需重测可整站划去，另起一站填写。
2. 表格剩余部分可自行练习使用，在备注栏注明“自练数据”。

活动评价

评价内容	评价标准	评价结果（是/否）
活动完成情况	能理解水平角测量的原理，会运用原理计算水平角值	□是 □否
	能描述测回法、方向法测角的观测程序	□是 □否
	会运用测回法观测两方向间的水平角值	□是 □否
	会运用方向法观测多方向间的水平角值	□是 □否
	能描述水平角测量记录表的填写内容，会进行记录与计算	□是 □否

课后作业

1. 测量两个方向之间的单角常采用________（测回法/方向法）进行观测。

2. 观测水平角时，盘左位置瞄准不同目标应________（顺时针/逆时针）转动照准部。

3. 全站仪盘左、盘右瞄准同一目标，其方向值理论上应________（相等/相差 90°/相差 180°/相差 360°）。

4. 某个角需要观测 4 个测回，第一测回起始方向的盘左读数应配置为________附近，第三测回起始方向的盘左读数应配置为________附近。

5. 使用 2″级全站仪进行方向法观测，半测回归零差最大为 10″，一测回内 2C 最大为＋5″，最小为－3″。请依据《工程测量标准》GB 50026—2020，分析该观测可满足什么等级？

6. 完成下表中 2C 和平均方向值的计算。

目标	盘左读数	盘右读数	2C	平均方向值	归零方向值
A	0 02 06	180 02 00			
B	51 15 42	231 15 30			
C	131 54 12	311 54 00			
D	182 02 24	2 02 24			
A	0 02 12	180 02 06			
	$\Delta_{左}=$	$\Delta_{右}=$			

7. 自主到仪器室借领全站仪，练习测回法或者方向法，并将望远镜瞄准目标的视窗影像和记录表格拍照上传至课程平台讨论区。

活动 6　全站仪测量垂直角

活动记录

垂直角观测记录表

日期：　　　　　　　　　　　　仪器号：　　　　　　　　　　观测：

天气：　　　　　　　　　　　　地点：　　　　　　　　　　　记录：

测站	测点	竖盘位置	竖盘读数 (° ′ ″)	半测回垂直角 (° ′ ″)	指标差 (″)	一测回垂直角 (° ′ ″)	备注

说明：1. 至少记录一测回完整的数据，如需重测可整站划去，另起一站填写。

2. 表格剩余部分可自行练习使用，在备注栏注明“自练数据”。

活动评价

评价内容	评价标准	评价结果（是/否）
活动完成情况	能理解垂直角测量的原理，会运用原理计算垂直角值	□是　□否
	能描述全站仪测量垂直角的观测程序	□是　□否
	会运用全站仪测回法观测垂直角值	□是　□否
	能规范填写垂直角测量记录表的内容	□是　□否

课后作业

1. 垂直角观测中，同一仪器观测各个方向的指标差，理论上讲应该________（相等/不相等）。

2. 在测量垂直角时，用盘左、盘右观测取________（差值/平均值）可以消除指标差的影响。

3. 全站仪安置高度不同，照准同一目标点，所测得的垂直角________（相同/不同）。

4. 垂直角观测时，全站仪不需要对中，只需精确整平即可。（□正确　□错误）

5. 使用 2″级全站仪进行垂直观测，总共观测 4 个测回，指标差较差为 9″，测回较差为 6″。请依据《工程测量标准》GB 50026—2020，分析该观测可满足什么等级？

6. 完成下表中的计算内容。

测站	测点	竖盘位置	竖盘读数 (° ′ ″)	半测回垂直角 (° ′ ″)	指标差 (″)	一测回垂直角 (° ′ ″)	备注
M	A	左	81 18 42				盘左时竖盘注记 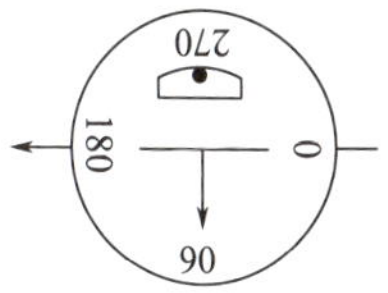
		右	278 41 30				

7. 自主到仪器室借领全站仪，练习垂直角观测，并将望远镜瞄准目标的视窗影像和记录表格拍照上传至课程平台讨论区。

活动 7　全站仪补偿器检校

活动记录

全站仪竖盘指标差检查记录表

日期：　　　　　　　　　　仪器号：　　　　　　　　　　观测：

天气：　　　　　　　　　　地点：　　　　　　　　　　　记录：

测站	测点	竖盘位置	竖盘读数 (° ′ ″)	指标差 (″)	是否需要校正	备注

说明：1. 至少记录一测回完整的数据，如需重测可整站划去，另起一站填写。

2. 表格剩余部分可自行练习使用，在备注栏注明“自练数据”。

全站仪补偿器零位误差检查记录表

日期： 仪器号： 观测：

天气： 地点： 记录：

测站	测点	竖盘位置	自动补偿倾角值（″）	零位误差值（″）	是否需要校正	备注

说明：1. 至少记录一测回完整的数据，如需重测可整站划去，另起一站填写。

2. 表格剩余部分可自行练习使用，在备注栏注明“自练数据”。

活动评价

评价内容	评价标准	评价结果（是/否）
活动完成情况	能描述全站仪补偿器的作用和分类	□是 □否
	能对全站仪进行视准差检查和校正	□是 □否
	能对全站仪进行补偿器检查和校正	□是 □否

课后作业

1. 苏州一光 RTS900 系列全站仪，内置仪器校正程序有________和________两种。

2. 竖盘校正的目的是计算出竖盘的______（垂直度/指标差/零位差），为软件修正提供数据。

3. 当全站仪精确整平后，正镜和倒镜的倾角显示值之和应接近于________（0/90°/180°/270°）。

4. 全站仪补偿器从补偿功能看，目前主要分为________、________和________。

5. 全站仪竖轴倾斜造成的测角误差，可以通过观测方法加以消除。（□正确 □错误）

6. 小王在使用全站仪时发现：照准部固定后，如果上下转动望远镜，水平度盘读数也跟着变化。他认为这台仪器稳定性不行，就去找总工要求更换，结果挨总工批评了一通。你觉得总工批评得对吗？简要说明一下理由。

7. 完成下表中的计算内容。

测站	测点	竖盘位置	自动补偿倾角值（″）	零位误差值（″）	是否需要校正	备注
P	A	左	−48			
		右	+30			

活动 8　钢尺量距

活动记录

钢尺量距记录表

日期：　　　　钢尺编号：　　　　观测：

天气：　　　　地点：　　　　记录：

测线		分段丈量长度(m)		总长度 D (m)	平均长度 $D_{均}$ (m)	精度 K	备注
		整尺段 nl	余长 q				
	往						
	返						

说明：1. 至少记录在测线完整的数据，如需重测可整站划去，另起一站填写。

2. 表格剩余部分可自行练习使用，在备注栏注明“自练数据”。

活动评价

评价内容	评价标准	评价结果(是/否)
活动完成情况	能认识钢尺的零点位置和刻度分划	□是　□否
	能使用钢尺进行平坦地面距离丈量	□是　□否
	能评定距离测量的精度	□是　□否

课后作业

1. 钢尺抗拉强度________（高/低），量距精度较________（高/低）。
2. 钢尺精密量距时需要定线，一般量距时可不用定线。（□正确 □错误）
3. 用钢尺量距时，钢尺要拉紧、拉平、拉稳。（□正确 □错误）
4. 量距精度通常用________（绝对误差/相对误差/往返较差）表示。
5. 完成下表中的计算内容。

测线		分段丈量长度(m)		总长度 D (m)	平均长度 $D_{均}$ (m)	精度 K	备注
		整尺段 nl	余长 q				
A-B	往	60	15.384				
	返	60	15.393				

活动 9　视距量距

活动记录

视距测量记录表

日期：　　　　　　　　　　仪器号：　　　　　　　　　　观测：

天气：　　　　地点：　　　　仪器高：　　　　　　　　　　记录：

测站	测点	上丝读数 下丝读数 尺间隔 l(m)	中丝读数 v(m)	竖盘读数 L (° ′ ″)	垂直角 α (° ′ ″)	水平距离 D (m)	高差 h (m)	备注

说明：1. 至少记录一测回完整的数据，如需重测可整站划去，另起一站填写。

2. 表格剩余部分可自行练习使用，在备注栏注明“自练数据”。

活动评价

评价内容	评价标准	评价结果（是/否）
活动完成情况	能了解视距测量的原理及测量方法	□是　□否
	能理解视距测量公式中符号的含义	□是　□否
	能用视距测量的方法测量距离	□是　□否

课后作业

1. 视距测量的精度________（高/低/相同）于钢尺量距的精度。

2. 水准仪不能用于视距测量。（□正确　□错误）

3. 当全站仪精确整平后，正镜和倒镜的倾角显示值之和应接近于________（0/90°/180°/270°）。

4. 视距测量不仅适用于视线水平的情况，也适用于视线倾斜的情况。（□正确　□错误）

5. 当用全站仪进行视距测量时，应当将仪器电子补偿功能打开。（□正确　□错误）

6. 完成下表中的计算内容。

测站	测点	上丝读数 下丝读数 尺间隔 l(m)	中丝读数 v(m)	竖盘读数 L (° ′ ″)	垂直角 α (° ′ ″)	水平距离 D (m)	高差 h (m)	备注
A	B	1.883 0.991 	1.437	95 17 20				仪器高 1.558

注：望远镜水平，竖盘读数 90°，上仰时读数变小。

活动 10　全站仪距离测量

活动记录

全站仪距离测量记录表

日期：　　　　仪器号：　　　　观测：

天气：　　　　地点：　　　　记录：

测站	测点	竖盘位置	竖盘读数（°　′　″）	垂直角（°　′　″）	倾斜距离（m）	水平距离（m）	高差（m）	备注

说明：1. 至少记录一测站完整的数据，如需重测可整站划去，另起一站填写。

2. 表格剩余部分可自行练习使用，在备注栏注明“自练数据”。

活动评价

评价内容	评价标准	评价结果（是/否）
活动完成情况	能了解光电测距的基本原理	□是　□否
	会设置棱镜常数和气象改正值	□是　□否
	会切换斜距、平距和高差显示值	□是　□否
	能使用全站仪进行距离测量	□是　□否

课后作业

1. 光电测距时需要测定气象条件，对距离进行气象修正。（□正确 □错误）

2. 按测定光波传播时间方式的不同，光电测距可分为________和________。

3. 全站仪与棱镜配合测量距离时，需要正确设置棱镜参数。（□正确 □错误）

4. 不同厂家生产的棱镜，其棱镜常数统一均为－30mm。（□正确 □错误）

5. 全站仪测量距离时直接测的是沿测线方向的水平距离。（□正确 □错误）

6. 按测程不同，光电测距仪可分为短程、中程和远程三种。请查阅资料，简述这三种测距仪的区别和用途。

活动 11　方位角与象限换算

活动记录

问题 1. 已知直线 AB 的坐标方位角是 150°，请画图表示出其角值，并判断 AB 直线属于第几象限？其象限角为多少？

示意图：

AB 直线是第________象限直线，其象限角为________。

问题 2. 已知直线 AB 的坐标方位角是 310°35′，请在一个坐标系中画出其正、反坐标方位角，并换算出 BA 直线的象限角。

示意图：

BA 直线的坐标方位角是________，属于第________象限，象限角为________。

活动评价

评价内容	评价标准	评价结果（是/否）
活动完成情况	能理解平面直角坐标系的概念	□是 □否
	能叙述方位角、象限角的概念	□是 □否
	能画图表示直线的方位角和象限角	□是 □否
	能进行正、反坐标方位角计算	□是 □否
	能进行方位角与象限角的换算	□是 □否

课后作业

1. 直线定向就是确定一条直线与________（标准方向/水平方向/铅垂方向）的关系。

2. 直线的方向可以用________和________表示。

3. 坐标方位角是以轴北方向为标准，逆时针量至直线所夹的角度。（□正确 □错误）

4. 同一条直线的正、反坐标方位角相差 180°。（□正确 □错误）

5. 象限角为北东 35°的直线应该属于第二象限。（□正确 □错误）

6. AB 直线的象限角为南西 30°，其坐标方位角是________°。

7. 对于第四象限的直线而言，其坐标方位角与象限角之和为________°。

活动 12　用计算器进行坐标正反算

活动评价

评价内容	评价标准	评价结果（是/否）
活动完成情况	能理解坐标增量的含义及其计算原理	□是　□否
	能使用函数计算器进行坐标正反算	□是　□否

课后作业

1. 通过计算器 POL 功能键进行计算，所得 θ 角值为 $-70°$，则该方位角应为________。

2. 卡西欧计算器上的 REC 功能键，能将极坐标变换为直角坐标。（□正确　□错误）

3. 要进行坐标反算，可通过卡西欧计算器上的 POL 功能键快速完成。（□正确　□错误）

4. 坐标增量 $\Delta x_{12}>0$，$\Delta y_{12}<0$，直线 12 应该属于第________象限的直线。

5. 坐标增量 $\Delta x_{12}<0$，$\Delta y_{12}>0$，直线 12 应该属于第________象限的直线。

活动 13　全站仪测量三维坐标

活动记录

坐标测量记录表

日期：　　　　　　　　仪器号：　　　　　　　　观测：

天气：　　　　　　　　地点：　　　　　　　　记录：

点名	x(m)	y(m)	H(m)	坐标方位角 (°　′　″)	备注
					已知点
					待测点

说明：1. 至少记录一站一个待测点完整的数据，如需重测可整站划去，另起一站填写。

2. 表格剩余部分可自行练习使用，在备注栏注明“自练数据”。

活动评价

评价内容	评价标准	评价结果 （是/否）
活动完成情况	能根据坐标测量原理设置测量参数	□是　□否
	能解释全站仪后视定向的作用	□是　□否
	能叙述全站仪坐标测量的操作步骤	□是　□否
	能用全站仪采集并存储点的三维坐标	□是　□否

课后作业

1. 全站仪坐标测量只能采用坐标确定后视方向。(□正确 □错误)

2. 采用全站仪进行坐标测量时，盘左、盘右位置均可进行测量。(□正确 □错误)

3. 全站仪坐标测量，不仅能测量点的平面位置，还能测量高程。(□正确 □错误)

4. 全站仪坐标测量时可不用设置测距参数。(□正确 □错误)

5. 全站仪坐标测量应先进行后视定向，再输入测站数据。(□正确 □错误)

6. 全站仪坐标测量只需要平面坐标时，可不输入仪器高和棱镜高。(□正确 □错误)

7. 小张同学用全站仪进行坐标测量，得到 1 点的三维坐标值为 (1221.350，899.887，102.336)。观测结束后，他整理数据发现自己在输入目标点棱镜高时，误将 1.505m 输成了 1.550m。请分析该错误对 1 点的三维坐标值有何影响？正确的值应该是多少？

8. 自主到仪器室借领全站仪，练习坐标测量，并将望远镜瞄准目标的视窗影像和记录表格拍照上传至课程平台讨论区。

活动 14　GNSS 接收机测前检视

活动记录

小组编号：__________，仪器型号：__________，仪器编号：__________，记录者：__________。

GNSS 接收机检视记录

检验项目	检视结果	备注
脚架/对中杆固定螺旋是否滑丝	□是　□否	
脚架/对中杆脚尖是否松动	□是　□否	
仪器外观是否有损伤	□是　□否	
主机/手簿按键功能是否正常	□是　□否	
主机/手簿屏幕触摸功能是否灵敏	□是　□否	
主机数据指示灯是否正常闪烁	□是　□否	

活动评价

评价内容	评价标准	评价结果（是/否）
活动完成情况	能区分 GNSS 接收机的类型及精度指标	□是　□否
	能指出 GNSS 接收机每个部件的名称及作用	□是　□否
	能熟练设置 GNSS 接收机的工作模式	□是　□否
	能成功连接 GNSS 接收机与手簿	□是　□否

课后作业

1. 中国自主建设运行的全球卫星导航系统是________（GPS/BDS/GLONASS/GALILEO）。

2. 北斗卫星导航系统能为________（中国/亚洲/非洲/全球）用户提供全天候、全天时、高精度的定位、导航和授时服务。

3. GNSS接收机按照用途可分为________、________、________三种。

4. 南方创享主机底部的五针接口既是外接电源口，也是串口输出口。（□正确 □错误）

5. GNSS接收机通常来说可以设置为________、________、________三种模式。

6. 下图所示测量系统各部件的名称为：1________；2________；3________；4________；5________；6________；7________。

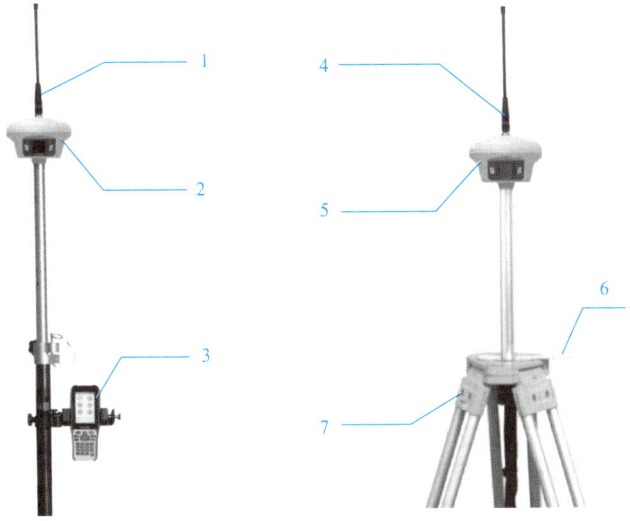

活动 15　GNSS-RTK 点测量

活动记录

小组编号：＿＿＿＿＿，仪器型号：＿＿＿＿＿，仪器编号：＿＿＿＿＿，记录者：＿＿＿＿＿。

四参数转换关系记录表

序号	参考控制点名(号)	平面坐标(cm)	
		x	y
四参数转换关系			
平面转换关系	北偏移		
	东偏移		
	旋转角		
	比例尺		

待定点测量成果记录表

中央子午线：＿＿＿＿

序号	点名	平面坐标		备注
		纵坐标(m)	横坐标(m)	

说明：至少记录一行完整的数据，如记录错误可整行划去，另起一行填写。

活动评价

评价内容	评价标准	评价结果（是/否）
活动完成情况	能理解 GNSS 定位的基本原理	□是 □否
	能叙述网络 RTK 技术的优势	□是 □否
	能列举三种以上网络 CORS 系统	□是 □否
	能连接网络 CORS 测量点坐标	□是 □否

课后作业

1. GNSS 定位的实质是把卫星视为动态的已知点，进行空间距离________（侧方交会/前方交会/后方交会），确定用户接收机天线相位中心所在的位置。

2. 为了修正 GNSS 接收机的计时误差，至少应同时观测________（2/3/4/5）颗卫星。

3. 网络 RTK 技术能扩展 RTK 的作业距离和应用范围，保证定位结果的可靠性和精度。（□正确 □错误）

4. 使用网络 CORS 系统进行 RTK 测量，用户不需架设参考站。（□正确 □错误）

5. 多基站 CORS 与网络 CORS 相比，其投资成本更经济划算。（□正确 □错误）

6. 自主到仪器室借领 GNSS 接收机，练习仪器的连接和转换参数设置，并拍照上传至课程平台讨论区。

活动 16　四等水准测量

活动记录

四等水准测量记录表

日期：　　　　　　　　仪器号：　　　　　　　　观测：

天气：　　　　　　　　地点：　　　　　　　　记录：

测站编号	测点编号	后尺 上丝	前尺 上丝	方向及尺号	水准尺读数		K＋黑减红（mm）	高差中数（m）	备注
		下丝	下丝						
		后视距	前视距		黑面	红面			
		视距差	累积差						
				后					
				前					
				后－前					
				后					
				前					
				后－前					
				后					
				前					
				后－前					
				后					
				前					
				后－前					

续表

测站编号	测点编号	后尺 上丝	前尺 上丝	方向及尺号	水准尺读数		K+黑减红(mm)	高差中数(m)	备注
		后尺 下丝	前尺 下丝		黑面	红面			
		后视距	前视距						
		视距差	累积差						
				后					
				前					
				后—前					
				后					
				前					
				后—前					
				后					
				前					
				后—前					
				后					
				前					
				后—前					
				后					
				前					
				后—前					
				后					
				前					
				后—前					
				后					
				前					
				后—前					

续表

测站编号	测点编号	后尺 上丝	前尺 上丝	方向及尺号	水准尺读数		K＋黑减红（mm）	高差中数（m）	备注
		后尺 下丝	前尺 下丝						
		后视距	前视距		黑面	红面			
		视距差	累积差						
				后					
				前					
				后一前					
				后					
				前					
				后一前					
				后					
				前					
				后一前					
				后					
				前					
				后一前					
				后					
				前					
				后一前					

水准测量内业计算表

点号	距离（km）	实测高差（m）	改正数（mm）	改正后高差（m）	高程（m）	备注
辅助计算						

活动评价

评价内容	评价标准	评价结果（是/否）
活动完成情况	能描述单一水准路线的形式及其闭合差理论值	□是　□否
	能理解不同等级水准测量技术要求的内涵	□是　□否
	能描述不同等级水准测量的观测程序和技术要求	□是　□否
	能进行水准测量的内业成果计算	□是　□否

课后作业

1. 双面水准尺的黑面是从 0 开始注记，而红面（　　）刻划。

A. 两根都是从 4687 开始

B. 两根都是从 4787 开始

C. 一根从 4677 开始，另一根从 4787 开始

D. 一根从 4687 开始，另一根从 4787 开始

2. 水准路线闭合差调整是对高差进行改正，方法是将高差闭合差按与测站数或路线长度成（　　）的关系求得高差改正数。

A. 正比例并同号　　B. 反比例并反号

C. 正比例并反号　　D. 反比例并同号

3. 从一个已知的水准点出发，沿途经过各点，最后附合到另外一个已知的水准点上，这样的水准路线是（　　）。

A. 支导线　　B. 闭合水准路线

C. 支水准路线　　D. 附合水准路线

4. 三、四等水准测量时要求每测段测站数为偶数站，主要目的是消除（　　）。

A. i 角误差　　B. 标尺零点差　　C. 读数误差　　D. 视差

5. 四等水准测量属于（　　）。

A. 高程控制测量　　B. 平面控制测量　　C. 碎部测量　　D. 施工测量

6. 水准测量时，尺垫应放置在（　　）上。

A. 水准点　　B. 转点

C. 土质松软的水准点　　D. 需要立尺的所有点

7. 一闭合水准路线测量 6 测站完成，观测高差总和为－12mm，其中两相邻水准点间 2 个测站完成，则其高差改正数为（　　）mm。

A. ＋4　　B. －4　　C. ＋2　　D. －2

8. 下列关于测量记录的要求，叙述错误的是（　　）。

A. 测量记录应保证原始真实，不得擦拭涂改

B. 测量记录应做到内容完整，应填项目不能空缺

C. 为保证测量记录表格的清洁，应先在稿纸上记录，确保无误后再填写

D. 在测量记录时，记错或算错的数字，只能用细斜线划去，并在错数上方写正确数字

9. 三等水准测量实施时，在测站上的观测顺序应该为（　　）。

A. 后后前前 黑红黑红　　B. 后前前后 黑黑红红

C. 后后前前 黑黑红红　　　　　　　　D. 后前前后 黑红黑红

10. 四等水准测量闭合差限差计算公式 $f_h = \pm 20\sqrt{L}$，式中 L 的单位为（　　）。

A. m　　　　　　B. cm　　　　　　C. mm　　　　　　D. km

11. 某测量小队用 DSZ3 水准仪完成了附合水准路线外业单程施测，经整理计算得到水准路线长度是 1.8km，实测闭合差是＋6mm。请依据《工程测量标准》GB 50026—2020，分析该观测可满足什么等级。

12. 完成下表中改正数、改正后高差、高程值的计算及辅助计算。

点号	距离（km）	实测高差（m）	改正数（mm）	改正后高差（m）	高程（m）	备注
A					*57.967*	
	0.7	*+4.363*				
1						
	1.3	*+2.413*				
2						
	0.9	*−3.121*				
3						
	0.5	*+1.263*				
4						
	0.6	*+2.716*				
5						
	0.8	*−3.715*				
B					*61.819*	
Σ						
辅助计算						

13. 自主到仪器室借领水准仪，练习四等水准测量，并将望远镜瞄准目标的视窗影像和记录表格拍照上传至课程平台讨论区。

活动 17　全站仪三角高程测量

活动记录

三角高程测量观测记录与高差计算表

日期：　　　　　　　　　　仪器号：　　　　　　　　　　观测：

天气：　　　　　　　　　　地点：　　　　　　　　　　记录：

测站点				
目标点				
直(反)觇				
水平距离 D(m)				
垂直角 α (° ′ ″)				
$D\tan\alpha$ (m)				
仪器高 i(m)				
棱镜高 v(m)				
两差改正(m)				
单向高差(m)				
平均高差(m)				

说明：1. 至少记录一个待测点完整的数据（直觇和反觇）。

2. 如需重测可整列划去，另起一列填写。

活动评价

评价内容	评价标准	评价结果（是/否）
活动完成情况	能理解三角高程测量原理	□是　□否
	能说出三角高程测量公式符号的含义	□是　□否
	能按照标准要求完成两点的对向观测	□是　□否
	能完成三角高程测量高差的计算	□是　□否

课后作业

1. 为了减小地球曲率和大气折光的影响，三角高程测量应采用对向观测取平均值的方式。(□正确　□错误)

2. 三角高程测量时，在已知点设站观测未知点的方法叫反觇。(□正确　□错误)

3. 日出、日落时，大气折光系数值较大，且变化较快。(□正确　□错误)

4. 当高程精度要求为 0.01m 时，如果两点的距离超过________m，必须对计算出的高差进行两差改正。

5. 四等三角高程测量，采用 2″级仪器观测垂直角，应观测________个测回。

6. 小张同学用 2″级全站仪进行三角高程测量，测得两点间的水平距离为 560m，对向观测所得两次高差相差了 0.035m。请查阅《工程测量标准》GB 50026—2020，分析小张同学的三角高程测量精度可以达到什么样的等级？

7. 自主到仪器室借领全站仪，练习坐标测量，并将望远镜瞄准目标的视窗影像和记录表格拍照上传至课程平台讨论区。

活动 18　全站仪一级导线测量

活动记录

水平角测量记录表

日期：　　　　　　　　仪器号：　　　　　　　　观测：

天气：　　　　　　　　地点：　　　　　　　　记录：

测回 测站	盘位	目标	水平度盘读数 (° ′ ″)	半测回值 (° ′ ″)	一测回平均值 (° ′ ″)	备注：两测回平均值 (° ′ ″)

续表

测回 测站	盘位	目标	水平度盘读数 (° ′ ″)	半测回值 (° ′ ″)	一测回平均值 (° ′ ″)	备注:两测回平均值 (° ′ ″)

续表

测回 测站	盘位	目标	水平度盘读数 (° ′ ″)	半测回值 (° ′ ″)	一测回平均值 (° ′ ″)	备注：两测回平均值 (° ′ ″)

注：角度计算等取位至1″。

距离测量记录表

日期：　　　　　　　　　　仪器号：　　　　　　　　　　观测：

天气：　　　　　　　　　　地点：　　　　　　　　　　记录：

边名	测量	读数(m)	备注	边名	测量	读数(m)	备注
	1				1		
	2				2		
	3				3		
	平均				平均		
往返测平均				往返测平均			

边名	测量	读数(m)	备注	边名	测量	读数(m)	备注
	1				1		
	2				2		
	3				3		
	平均				平均		
往返测平均				往返测平均			

边名	测量	读数(m)	备注	边名	测量	读数(m)	备注
	1				1		
	2				2		
	3				3		
	平均				平均		
往返测平均				往返测平均			

边名	测量	读数(m)	备注	边名	测量	读数(m)	备注
	1				1		
	2				2		
	3				3		
	平均				平均		
往返测平均				往返测平均			

注：距离平均值计算等取位至1mm。

导线测量内业计算表

点号	观测角（右角）(°　′　″)	改正数″	改正后角值(°　′　″)	坐标方位角 α	距离 D(m)	增量计算值		改正后增量		坐标值		点号
						Δx(m)	Δy(m)	Δx(m)	Δy(m)	x(m)	y(m)	
辅助计算												

活动评价

评价内容	评价标准	评价结果（是/否）
活动完成情况	能准确判断单一导线测量的路线形式	□是　□否
	能根据测量精度等级确定测量技术要求	□是　□否
	能计算导线测量闭合差并判断测量精度	□是　□否
	能完成导线测量内业成果计算	□是　□否

课后作业

1. 平面直角坐标系以南北方向的直线作为________（x 轴/y 轴），以东西方向的直线作为________（x 轴/y 轴）。

2. 平面直角坐标系的象限顺序是从________（北东/北西/南东/南西）开始，以________（顺时针/逆时针）方向排列为四个象限。

3. 单一导线可以布设成________、________、________三种形式。

4. 闭合导线是一种可靠性极差的控制网图形。（□正确 □错误）

5. 对于附合导线，已知控制点上可以有定向边与之相连接，也可以没有定向边与之相连接。（□正确 □错误）

6. 为了减少对中误差对测角量边的影响，各等级导线观测宜采用________。

7. 设有 6 条导线边的闭合导线，其内角和的理论值为________（0/360/540/720）度。

8. 闭合导线水平角改正原则是将角度闭合差________分配到各观测水平角中。

9. 导线坐标增量闭合差调整的原则是按与边长成________（正比/反比）________（同号/反号）进行分配。

10. 某附合导线观测的是右角，其角度改正应将角度闭合差________分配到观测角上。

11. 某测量小队用 2″级仪器完成了设有 4 个待定点的附合导线外业观测，经整理计算得方位角闭合差是 28″，导线长度是 945.588m，导线全长闭合差是 0.041m。请查阅《工程测量标准》GB 50026—2020，分析该观测可满足什么等级？

12. 在某建筑区域内测量一条附合导线，已知数据有：A（347.310，347.310），B（700.000，700.000），C（655.369，1256.061），D（422.497，1718.139）；$\beta_B=120°30'18''$，$\beta_1=212°15'12''$，$\beta_2=145°10'06''$，$\beta_C=170°18'24''$；$D_{B1}=297.26$m，$D_{12}=187.81$m，$D_{2C}=93.40$m。观测的是右角，请画出其略图，并在图上标出相关数据，列表计算 1、2 点的坐标。

活动 19　全站仪自由设站测量

活动记录

全站仪自由设站测量记录表

日期：　　　　　　　　仪器号：　　　　　　　　观测：

天气：　　　　　　　　地点：　　　　　　　　记录：

点名	平面坐标(m)		观测距离(m)		备注
	X	Y	SD	HD	
P1					已知点
P2					已知点
P3					已知点
计算结果					
点名	X	Y	dX	dY	备注
P0					待定点

活动评价

评价内容	评价标准	评价结果（是/否）
活动完成情况	能理解全站仪自由设站的原理	□是　□否
	能熟悉全站仪自由设站的程序	□是　□否
	能利用全站仪自由设站测出点坐标	□是　□否

课后作业

1. 全站仪自由建站测量是在已知坐标点上安置仪器，待定点上安置棱镜进行测量的一种方法。(□正确 □错误)

2. 边角后方交会测量解算点的坐标，需要用到________定理。

3. 后方交会测量中，当3个以上已知点位于同一圆周上时，测站点的坐标在某些情况下是无法确定的。(□正确 □错误)

4. 为保证自由设站测量精度，应选用不少于3个控制点作为交会基准，且设站点各观测方向之间的夹角宜为30°～120°。(□正确 □错误)

5. 全站仪后方交会测量会自动修改全站仪的格网（比例）因子，并自动保留于仪器中。(□正确 □错误)

6. 自主到仪器室借领全站仪，练习自由设站测量，并拍照上传至课程平台讨论区。

活动20　全站仪碎部测量

活动记录

碎部测量记录表

日期：　　　　仪器号：　　　　观测：

天气：　　　　地点：　　　　记录：

点名	x(m)	y(m)	H(m)	备注
				测站点
				定向点
				检查点

续表

点名	x(m)	y(m)	H(m)	备注

说明：记录一个测站完整的碎部点坐标数据，表格不够请自行准备。

碎部测量草图

日期：　　　　　　　　　　观测：　　　　　　　　　　记录：

活动评价

评价内容	评价标准	评价结果（是/否）
活动完成情况	能准确判断地形图的比例尺和内容要素	□是 □否
	能根据地形图图式选择常见地物的符号	□是 □否
	能确定常见地物的碎部特征点并绘制草图	□是 □否
	能用全站仪采集碎部特征点的三维坐标	□是 □否

课后作业

1. 地形图在图上既表示地物的________，又表示地面的________。
2. 1∶500 的比例尺比 1∶2000 的比例尺小。(□正确 □错误)
3. 地面上的路灯在地形图上应用比例符号表示。(□正确 □错误)
4. 对于独立地物来说，其特征点应选取中心点。(□正确 □错误)
5. 地貌特征点应选取地面________及________的变化点。
6. 绘制碎部测量草图时，应具体记录地物的____________、____________、____________等内容。

7. 某测量小组负责完成某区域的全数字化测图任务，小张担任组长并负责绘制碎部测量草图。第一天上午测量结束收工时，小张发现草图上记录的最后一个碎部点编号与仪器中存储的点号不一致，他一下子就傻眼了。请分析小张“傻眼”的原因，工作中应如何避免类似情况的发生？

活动 21　用 CASS 绘制地形图

活动评价

评价内容	评价标准	评价结果（是/否）
活动完成情况	能叙述几何作图方法的名称及适用条件	□是　□否
	能理解几何作图确定点位的测算原理	□是　□否
	能根据实际场景选用合适的方法确定点位	□是　□否

课后作业

1. CASS 格式的坐标数据文件后缀是 txt。（□正确　□错误）

2. CASS 绘制地形图可以通过坐标定位，也可以通过点号定位。（□正确　□错误）

3. 用 CASS 绘制多点房屋，隔点绘制时不需要量取距离。（□正确　□错误）

4. 穿过房屋和公路的等高线不可以切除或消隐。（□正确　□错误）

5. 等高线的高程注记字头应该向北。（□正确　□错误）

6. 当房角点被树或路灯等障碍物遮挡时，在只知道角度和距离但看不到点的位置的情况下，请分析该如何绘制出图形？

活动 22　水准仪高程放样

活动记录

小组编号：__________，仪器型号：__________，仪器编号：__________，记录者：__________。

高程放样记录计算表

已知点	已知高程（m）	后视读数（mm）	视线高程（m）	设计高程（m）	前视应读数（mm）	备注
A	10.0	1387	11.387	10.5	0887	示例

说明：1. 至少记录一站完整的数据，如记录错误可整站划去，另起一站填写。

2. 表格剩余部分可自行练习使用，在备注栏注明“自练数据”。

活动评价

评价内容	评价标准	评价结果（是/否）
活动完成情况	能说出不同高程位置放样方法间的异同	□是　□否
	能计算不同高程位置放样的前视应读数	□是　□否
	能根据前视应读数指挥水准尺上下移动	□是　□否

课后作业

1. 高程放样的任务是将设计高程测设在指定桩位上。(□正确 □错误)

2. 基坑开挖较深时，可采用水准仪配合________的方法向下传递高程。

3. 高程放样标定点位前，观测员应指挥立尺员________（上下/左右/前后）移动水准尺直至前视应读数。

4. 设计高程的位置高于水准仪的视线时，可采用________或________的方法放样。

5. 高程放样时，水准仪读得后视读数为 1588，若已知点高程为 35.584m，则仪器视线高是________m。

6. 完成下表中的计算。

已知点	已知高程(m)	后视读数(mm)	视线高程(m)	设计高程(m)	前视应读数(mm)	备注
A	99.855	1226		100.0		

7. 自主到仪器室借领水准仪，练习高程放样，并将水准尺的望远镜视窗影像和高程放样点位拍照上传至课程平台讨论区。

活动 23　全站仪坐标放样

活动记录

坐标放样/复测记录表

日期：　　　　　　　　　仪器号：　　　　　　　　　观测：

天气：　　　　　　　　　地点：　　　　　　　　　　记录：

已知数据	测站点	x		后视点	x		检核点	x	
		y			y			y	

放样点名	设计坐标(m)		实测坐标(m)		偏差(mm)		备注
	x	y	x	y	Δx	Δy	

说明：1. 至少记录一站一个放样点完整的数据，如需重测可整行划去，另起一行填写。

2. 表格剩余部分可自行练习使用，在备注栏注明“自练数据”。

活动评价

评价内容	评价标准	评价结果（是/否）
活动完成情况	能熟悉全站仪坐标放样程序的界面	□是　□否
	能叙述全站仪坐标放样的操作步骤	□是　□否
	能正确指挥镜站移动并标定点位置	□是　□否

课后作业

1. 全站仪坐标放样跟坐标测量一样，都需要设置后视方向。(□正确　□错误)

2. 全站仪坐标放样功能可以同时测设放样点的平面位置和高程。(□正确　□错误)

3. 用全站仪放样点的平面坐标，必须输入正确的仪器高和棱镜高。(□正确　□错误)

4. 全站仪坐标放样时距离差为负值，应指挥棱镜向仪器近处移动。(□正确　□错误)

5. 全站仪坐标放样应先调至距离差为0，再调至角度差为0。(□正确　□错误)

6. 自主到仪器室借领全站仪，练习坐标放样，并将望远镜瞄准目标的视窗影像、全站仪显示窗角度差、距离差为0的界面和放样点位标记拍照上传至课程平台讨论区。

活动 24　GNSS-RTK 点放样

活动记录

小组编号：＿＿＿＿＿＿，仪器型号：＿＿＿＿＿＿，仪器编号：＿＿＿＿＿＿，记录者：＿＿＿＿＿＿。

四参数转换关系记录表

序号	参考控制点名(号)	平面坐标(cm)	
		x	y
四参数转换关系			
平面转换关系	北偏移		
	东偏移		
	旋转角		
	比例尺		

放样点复测坐标记录表

放样点名	设计坐标(m)		复测坐标(m)		偏差(mm)		备注
	x	y	x	y	Δx	Δy	

说明：至少记录一行完整的数据，如记录错误可整行划去，另起一行填写。

活动评价

评价内容	评价标准	评价结果（是/否）
活动完成情况	能叙述 RTK 点放样与点测量的异同	□是　□否
	能叙述 RTK 点放样的操作步骤	□是　□否
	能连接网络 CORS 放样点的坐标	□是　□否

课后作业

1. RTK 点放样与点测量一样，均需要先求解转换参数。（□正确　□错误）

2. RTK 点放样时，如放样的点数量较多，可以批量导入测量手簿中。（□正确　□错误）

3. 使用网络 CORS 系统进行 RTK 放样时，可以实现单人作业。（□正确　□错误）

4. RTK 点放样可以将________或________作为作业指标方向。

5. 进行 RTK 点放样作业时，应保持主机解状态为________。

6. 自主到仪器室借领 GNSS 接收机，练习 RTK 点放样，并将手簿界面和放样点位标记拍照上传至课程平台讨论区。